Inhalt

Einkaufsgesellschaften, Einkaufskooperationen und Einkaufspools - zusammen kaufen und sparen

Kernthesen

Beitrag

Fallbeispiele

Weiterführende Literatur

Impressum

Einkaufsgesellschaften, Einkaufskooperationen und Einkaufspools - zusammen kaufen und sparen

I.Zeilhofer-Ficker

Kernthesen

- Seit mehr als 150 Jahren gibt es Einkaufskooperationen von kleineren Unternehmen, die durch den gebündelten Bedarf an gleichen Gütern Mengenrabatte realisieren.
- Neben der Bedarfsbündelung bieten heutige Einkaufsgesellschaften eine Reihe von zusätzlichen Dienstleistungen wie

Beratungsdienste oder Bestellplattformen.
- Wettbewerbsrechtlich muss darauf geachtet werden, dass die beteiligten Unternehmen auf den betroffenen Märkten einen Höchstanteil von 15 Prozent nicht überschreiten.

Beitrag

Wer größere Mengen kauft, zahlt weniger diese einfache Kaufmannsregel gilt heute mehr denn je. Kleine und mittelgroße Firmen können diese Kostenvorteile nur nutzen, wenn sie ihren Materialbedarf mit weiteren Unternehmen bündeln, die das gleiche Produkt nachfragen.

Nicht neu und doch zeitgemäß

Einkaufsgenossenschaften haben eine lange Tradition. Mitte des 19. Jahrhunderts gründete sich in Nordengland die erste Einkaufsgenossenschaft für Lebensmittel von Arbeitern in Baumwollspinnereien. Die Bündelung von Bedarfsmengen sollte damals wie heute zu einer größeren Marktmacht und dadurch zu niedrigeren Preisen führen.

Große Industrieunternehmen bündeln den Materialbedarf ihrer Niederlassungen, mittlerweile oft konzern- und weltweit, um günstigste Preise und beste Einkaufskonditionen zu erzielen. Kleinere Firmen haben dagegen kaum die Möglichkeit in riesigen Mengen einzukaufen. Noch vor dem ersten Weltkrieg haben sich deshalb die kleinen Kolonialwarenhändler zu Einkaufsgenossenschaften zusammengeschlossen. Aus diesen Einkaufszusammenschlüssen haben sich Konzerne wie REWE und EDEKA gebildet, die noch heute die Versorgung der Verbraucher mit Lebensmitteln und Dingen des täglichen Gebrauchs sicher stellen.

Heutzutage kooperieren die großen Einzelhandelsgesellschaften in Sachen Einkauf europaweit. Europakonditionen, Extraboni und gleiche Preise wie die Wettbewerber verlangen die Einkaufsallianzen von wichtigen Markenartiklern und drohen mit Auslistungen, sollten die Forderungen nicht erfüllt werden. (1)

Doch nicht nur im Lebensmittelhandel sind Einkaufsgenossenschaften, Einkaufsgesellschaften oder Einkaufskooperationen an der Tagesordnung. Bekleidungshäuser, Glas-Porzellan-Keramik-Geschäfte, Apotheken, Hotels und Gastronomiebetriebe, Ärzte und seit kurzem Kunsthändler haben sich zusammen geschlossen, um bessere Preise und Konditionen zu erreichen und vom gegenseitigen Know-how zu profitieren. Schließlich resultiert eine Senkung der Einkaufspreise um nur ein Prozent bereits in ähnlichen Gewinneffekten wie eine Umsatzsteigerung um mindestens fünf Prozent. Die Kosten für die Mitgliedschaft in einer Kooperation sind so schnell neutralisiert. (2), (3)

Für die Industrie haben sich Branchen-Marktplätze entwickelt, die vor allem für den C-Teile-Einkauf rege genutzt werden. Die Chemieindustrie ist dafür nur ein Beispiel von vielen.

Bedarfsbündelung und mehr

Die klassische Aufgabe von Einkaufsgesellschaften ist die Bedarfsbündelung, um bessere Preise und Lieferkonditionen zu erwirken. Daneben hat sich eine Reihe von zusätzlichen Dienstleistungsangeboten entwickelt. Durch den Zusammenschluss von ähnlichen Nachfragern am Markt erreicht man schnell einen umfassenden Überblick über ausgehandelte Preise und Lieferkonditionen. Diese Transparenz allein ermöglicht schon eine bessere Verhandlungsposition bei den Lieferanten. Da die Hauptaufgabe von Kooperationen oder Einkaufsgesellschaften die Beschaffung ist, sind hier eine Vielzahl von Spezialisten tätig, die das Einholen von Angeboten, die Qualitätsprüfung von Lieferanten und Materialien sowie die Vorsortierung professionell abwickeln können. Es gibt Spezialisten für öffentliche Ausschreibungen oder für die Vertragsgestaltung. Für den oft nicht problemlosen Einkauf in Niedriglohnländern wie Indien oder China kann auf entsprechende Kompetenzen und Kontakte zurückgegriffen werden. Die Bündelung von Knowhow spart nicht nur wertvolle Zeit sondern auch Geld. Die Kooperationspartner können sicher sein, dass sie qualitativ hochwertige Waren zu besten Preisen beziehen können. (4), (5), (6), (7)

Diese Kompetenzbündelung hat dazu geführt, dass einige Kooperationen Beratungsdienstleistungen für ein professionelles Einkaufmanagement anbieten oder gar den gesamten Einkauf eines Unternehmens im Outsourcing übernehmen können. Das Projektmanagement beispielsweise für Neubauten inklusive der gesamten Investitionsplanung, der Ausstattung und Einrichtung kann abgewickelt werden. (7), (8)

Da eine entsprechende Kompetenz im Bereich der Informationstechnologien meist ebenso vorhanden ist, gehört zum Angebotsspektrum der Kooperationen eine Reihe von IT-Diensten wie automatische Abrechnung mit den Lieferanten, elektronische

Bestellplattformen, Warenwirtschaftssysteme oder die Abwicklung von elektronischen Auktionen. Der gesamte e-Procurement-Bereich wird abgedeckt. (3), (9), (10)

Achtung: Kartellrecht

Preisabsprachen und ähnliche Wettbewerbsverstöße werden in der Regel mit hohen Bußgeldern belegt. Großunternehmen sind oft durch ihre weit verzweigten Kontakte leichter in der Lage, ihre Marktposition auszunutzen oder illegale Kartelle zu bilden. Doch schon durch ihre Größe allein sind die großen Konzerne im Vorteil. Damit die Nachteile von kleinen und mittelgroßen Firmen gegenüber den großen Wettbewerbern wenigstens zum Teil neutralisiert werden können, haben die Kartellbehörden den gemeinsamen Einkauf nicht ganz verboten. Trotzdem muss jeder Marktteilnehmer das Kartellrecht beachten. Jede Einkaufskooperation muss sicher stellen, dass sie auf dem speziellen Einkaufsmarkt einen Marktanteil von 15 Prozent nicht übersteigt. Rechtlich gesehen muss jedes Unternehmen selbst einschätzen, ob die kartellrechtlichen Vorschriften eingehalten werden. Dies sollte also geprüft werden, bevor man sich einer entsprechenden Kooperation anschließt. (11)

Fallbeispiele

Die Big-Gruppe ist eine Einkaufskooperation von zwölf europäischen Unternehmen, die gemeinsam Herren- und Knabenkonfektion (HAKA) vor allem in großen Größen verkaufen. Der gemeinsame Einkauf erlaubt es den Teilnehmern, die Verkaufspreise um durchschnittlich fünf Prozent niedriger zu kalkulieren. (12)

Die Einkaufsgesellschaft Progros ist auf den Bedarf von Hotels spezialisiert. Rund 500 Hotels der Drei-bis-Fünf-Sterne-Kategorie lassen sich von der Progros mit allem Notwendigen beliefern. Darüber hinaus vermittelt Progros Dienstleistungen wie Versicherungen und berät beispielsweise bei der Renovierung von Hotels oder der Ausstattung von Hotelküchen. Das Einkaufsvolumen der Progros summierte sich im Jahr 2005 auf 295 Millionen Euro. (13)

In Österreich haben sich die Einkaufsgenossenschaft hogást (Hotellerie und Gastronomie) und die Gesellschaft HandOver (Versorgung von

Privatkrankenhäusern, Senioren- und Pflegeheimen) zusammengeschlossen. Da ähnliche Produkte nachgefragt werden, soll die Partnerschaft zu noch besseren Einkaufskonditionen führen. (14)

Weiterführende Literatur

(1) Coopernic macht bei Industrie Druck
aus Lebensmittel Zeitung 06 vom 09.02.2007 Seite 010

(2) Hochwertig kaufen und dabei sparen
aus Allgemeine Hotel- und Gastronomie-Zeitung Nr. 49 vom 09.12.2006 Seite 030

(3) Markant "Konzentration auf Kernkompetenzen" Zahlen und Fakten
aus LEBENSMITTEL PRAXIS NR. 016 VOM 25.08.2006 SEITE 018

(4) Mit einer Einkaufsgesellschaft wollen Kliniken Geld sparen
aus Ärzte Zeitung Nr. 23 vom 07.02.2007, Seite 12

(5) Die Qual der Wahl beim Ordern
aus Allgemeine Hotel- und Gastronomie-Zeitung Nr. 49 vom 09.12.2006 Seite 027

(6) O. V. Frisch Findings 2008 budget calls for cooperative contracts, Government Procurement, United States (GOVEPROC), 15 (2007) 1, S. 4
aus Allgemeine Hotel- und Gastronomie-Zeitung Nr.

49 vom 09.12.2006 Seite 027

(7) Was bringen Einkaufsgesellschaften?
aus Allgemeine Hotel- und Gastronomie-Zeitung Nr. 03 vom 20.01.2007 Seite 023

(8) Einkaufsgesellschaft auf Wachstumskurs
aus Allgemeine Hotel- und Gaststätten-Zeitung 37 vom 16.09.2006 Seite 004

(9) Digitales Zeitalter führt zu differenzierter Angebotspalette Inhalte, aktuelle Technik und IT-Struktur zu einer optimalen Lösung verbinden - Digitalität macht interne Abläufe effizienter
aus Börsen-Zeitung, 09.05.2007, Nummer 88, Seite B6

(10) SAP baut ERP für Verbundgruppen
aus Lebensmittel Zeitung 17 vom 27.04.2007 Seite 025

(11) "Kartelle werden heute eher aufgedeckt"
aus VDI NR. 08 VOM 23.02.2007 SEITE 17

(12) Die Einkaufs-Familie feiert Geburtstag
aus TextilWirtschaft 09 vom 01.03.2007 Seite 032

(13) Vom Thunfisch bis zur Bettwäsche Die Firma Progros bietet Hotels umfassende Hilfe bei Einkauf und Organisation
aus Frankfurter Rundschau v. 09.09.2006, S.15

(14) Beteiligung an HandOver
aus "a3-gast" Nr. 05/07 vom 16.05.2007 Seite: 32

Impressum

Einkaufsgesellschaften, Einkaufskooperationen und Einkaufspools - zusammen kaufen und sparen

Bibliografische Information der deutschen Nationalbibliothek

Die Deutsche Nationalbibliothek verzeichnet diese Publikation in der deutschen Nationalbibliografie; detaillierte bibliografische Daten sind im Internet über http://dnb.d-nb.de abrufbar.

ISBN: 978-3-7379-1071-2

© 2015 GBI-Genios Deutsche Wirtschaftsdatenbank GmbH, Freischützstraße 96, 81927 München, www.genios.de

Alle Rechte vorbehalten. Dieses Werk ist einschließlich aller seiner Teile – z.B. Texte, Tabellen und Grafiken - urheberrechtlich geschützt. Jede Verwertung außerhalb der Grenzen des Urheberrechtsgesetzes bedarf der vorherigen Zustimmung des Verlags. Dies gilt insbesondere auch für auszugsweise Nachdrucke, fotomechanische Vervielfältigungen (Fotokopie/Mikroskopie), Übersetzungen, Auswertungen durch Datenbanken oder ähnliche Einrichtungen und die Einspeicherung und Verarbeitung in elektronischen Systemen.